Göran Sonnevi

DISPARATES

(presentación, selección y versión castellana: Roberto Mascaró)

Göran Sonnevi

DISPARATES

Disparates ©

Copyright © Göran Sonnevi, 2014

Traducción al español de Roberto Mascaró ©

Copyright © Editorial del Gabo, 2014

Colección EDDA #2 / 2014

ISBN: 978-0-692-21710-8

Arte exterior y diagramación: Carlos Rosales

Corrección de texto: Rebeca Ávila Urdampilleta

Editorial del Gabo

San Salvador, El Salvador, Centro América

editorialdelgabo.blogspot.com • ⨍ /editorialdelgabo

Agradecemos que el costo de esta traducción fue sufragado por una subvención del Consejo de las Artes de Suecia

El océano de los DISPARATES según Göran Sonnevi

DISPARATES -con una clara referencia a la obra de Goya- es el subtítulo, en español y en mayúsculas en el original, de este voluminoso libro de poemas de más de 400 páginas, OCEANEN, editado en Estocolmo en lengua sueca. De él hemos extraído la siguiente selección.

Göran Sonnevi (Lund, Suecia, 1939) vuelve en este libro a sus viejos temas y presenta otros nuevos, a manera de un noticiero global actualizado en el S XXI, pero que también incluye poemas de la década de los 70.

El destino humano en la sociedad sueca postindustrial, la Revolución socialista tantas veces frustrada y postergada, la búsqueda de la convivencia pacífica entre humanos, animales, minerales y plantas, todo ello frente all poder avasallador de un imperio ultracapitalista que ya resulta ubicuo e imprevisible y del que ha pasado a formar parte también Suecia, país que una vez fuera "neutral" y "pacífico" y que hoy ha pasado a ser colaborador silencioso y voluntario de la OTAN y otros cuerpos policiales del mundo globalizado, cooperando activamente con el espionaje mundial que el ubicuo imperio ejerce sobre las personas y
las cosas y enviando tropas mercenarias a ocupar distintos países.

He aquí el Océano, el mismo que cantasen Rimbaud, Lautréamont, Mallarmé, Vicente Huidobro, St John-Perse, Michelet, Tranströmer e infinidad de poetas de nuestros Archipiélagos.

Todo esto pasa por la cabeza y se expresa en la pluma de Sonnevi, y en el trasfondo se suceden las visitas al archipiélago de Gotemburgo, donde el escritor plasma su diario veraniego. Él mismo, siempre escribiendo en primera persona, es uno de los personajes del drama. Allí brota el texto, poemas breves y poemas largos, poesía amorosa y poesía política, acompañada de un exquisito catálogo de la flora y la fauna de esa región. Allí Göran se presenta de cuerpo entero y cara a cara con la Aldea Global. Con lo fragmentario, con las esquirlas de los siglos, el poeta renueva su discurso.

Y el amor, siempre vivo en el texto de Sonnevi, que homenajea la presencia de sus amigos vivos y muertos. Ese amor que Karl Marx señalara como el protagonista del comunismo es para Sonnevi la misma clave de la solidaridad humana.

Esta selección, que reúne algunos poemas El Océano DISPARATES, pretende acercar al lector salvadoreño y latinoamericano a esta poesía hasta hoy desconocida por estas latitudes.

Si algo del espíritu poético de Sonnevi se refleja en estas versiones, la misión del traductor/intérprete, que no es otra que la de recuperar y transmitir en nuestra lengua lo que ha sido escrito en otra, esa misión estará cumplida.

Roberto Mascaró
Poeta y traductor Uruguayo

Varje ord
finns bara
i kärlek

Cada palabra
sólo existe
en amor

DIKT; 31.10.1970

+

Havet
Havets ögon
som ser
Dig!
Mig! Genom skikten
av vatten
En kväll
vid stranden blev
allt vatten
genomskinligt
jag tyckte
mig se
djupare än ljuset kan
nå, ner
genom skikten
av vatten
Vad såg jag?
Vet inte?
Såg mitt
seende, klarare

POEMA; 31.10.1970

+

El mar
Los ojos del mar
que
¡Te ven!
¡Me ven! a través de las capas
de agua
Una noche
junto a la costa todo se
volvió agua
transparente
me pareció
ver
más hondo de lo que la luz puede
alcanzar, abajo
a través de las capas
de agua
¿Qué vi?
¿No lo sé?
Vi mi
visión, más clara

genomskinligare,
blindare än
ögonen
på dom döda
jag såg-

más traslúcida,
más ciega que
los ojos
de los muertos
que vi-

DIKT; 17.2.71

+

drömmar
inatt om Schönbergs musik, dom
ljusa, hårda
strukturerna
-skar och skar
i drömmens ljusa
materia
-jag, uppdelad i
kontrrapunkt
Havet!
Havet som delar sig
i ljusa strängar
av liv
Och jag måste höra musiken till
slutet!
Tills jag
går sönder
Annars kan jag aldrig
bli hel

POEMA; 17.2.1971

+

sueños
anoche sobre música de Schönberg, las
luminosas, duras
estructuras
-cortaban y cortaban
en la materia luminosa
del sueño
-yo, dividido en
contrapunto
¡El mar!
El mar que se divide
en cuerdas luminosas
de vida
¡Y debo oír la música hasta
el fin!
Hasta que
me rompa
De otro modo no podré ya
unificarme

Havet som en skimrande tunn hinna
över mitt huvud
Jag andas in
hela atmosfären
Förtätad
till en knytnävens storlek
Teoretiskt sätt
får universum plats
i min mage
Himlens fina hinna bryts
sönder,
inifrån och utifrån
Klockklang
Små små bjällror nere i
havet
Väldiga dånande klockor som
får träden marken
att skaka
Jag går i den vindlande
trappan
Händerna trevar
efter stöd
Väggarna är borta
Spiralens centrum är borta
Stegens

El mar como delgada membrana translúcida
sobre mi cabeza
Respiro
toda la atmósfera
Reducido
al tamaño de un puño
Teóricamente
el universo cabe
en mi vientre
La membrana delicada del cielo
se quiebra;
desde adentro y afuera
Tañir de campanas
Pequeños cascabeles bajo
el mar
Enormes campanas resonantes que
hacen vibrar
los árboles el suelo
Subo la escalera
vacilante
Las manos buscan
apoyo
Las paredes no están
El centro de la espiral desapareció
Los palos de la escalera

pinnar är borta
Vad spelar det för roll
om jag kastar bort den?
Ljust kring huvudet
vattnet-

desaparecieron
¿Qué importancia tiene
si la arrojo lejos?
Luminosa en torno a la cabeza
el agua-

HANNAHUSET, KALVÖN; ÅR 2000

Havet är enormt   Arkipielagens öar
förlorar sig ut i det lysande   Urskiljer
konturerna   Ser Ursholmens fyrar   Ramsös urtidsrygg,
ett ljus taggar, bakom dem Koster, som en större massa
Detta är Kalvön   Vi kom hit i en liten plasteka med motor
Stänket från vågorna sköljde över mig, kröp ner med benen i
en plastsäck, fick låna en oljerock, gul   På berget
här är Trojeborgen, labyrinten   En hjärna, sade Lena   Jag räknade
lagren av ringar, fick det till åtta   Den innersta loben
en phallosform, riktad norrut   En annan dag
ska jag gå i labyrinten, ensam   Hör nu Kerstin och Lena
i köket   Göran är inte här, död   Det är nu midsommarhelg
hans första år i döden   Kampen är densamma, oförändrad
                                        i sin förändring-

Lövsångaren sjunger   Regnet driver kring huset
Ljusnar det inte där, där borta? Der ut över slätten med gräs
En röd låda, några vita hus   Pappret jag skriver på rullar sig, fuktigt
På natten gick vi i det vita ljuset   Åter på berget
Vi kom över vattnet från huset på udden, sjöboden där Inger och
Anders bor   Snart ska vi dit, möta människorna

HANNAHUSET, KALVÖN; AÑO 2000

Es enorme el mar   Las islas del archipiélago
se pierden en lo luminoso   Demarca
los contornos   Veo los faros de Ursholmen   El lomo arcaico de Ramsö,
púas de un animal, tras de él Koster, como masa mayor
Esto es Kalvön   Vinimos en un pequeño bote plástico a motor
La salpicadura de las olas me empapó, me acurruqué, metí las piernas en
una bolsa plástica, pedí prestado un impermeable, amarillo   Aquí en el monte
está Trojeborgen, el laberinto   Un cerebro, dijo Lena   Yo contaba
las capas de anillos, llegué a ocho   El lóbulo interior
una forma fálica, apuntando hacia el norte   Otro día
entraré al laberinto, solo   Ahora oigo a Kerstin y a Lena
en la cocina   Göran no está, ha muerto   Ahora es el medio verano
su año primero en la muerte   Es la misma la lucha, inmutable en su cambio-

Canta la curruca   En torno a la casa anda la lluvia
¿No está aclarando hacia allá, a lo lejos? Miro sobre la pradera de hierba
Un granero rojo, algunas casas blancas   El papel en que escribo se arrolla, húmedo,
Por la noche anduvimos en la luz blanca   Otra vez en el monte
Vinimos hacia el agua desde la casa al cabo, la cabaña de pescadores donde viven
                                                                                        Inger y
Anders   Pronto iremos hasta allá, a encontrarnos con gente

Brännvinet, vinet   Samtalet ska komma, med vännerna, om livet
och om döden-
Tänkte inatt, att labyrintens gångar i Trojeborgen på berget
är ett komisk tecken   Att labyrintens gångar är planetbanorna,
i sin svårgenomträngliga matematik, utan Keplers och Newtons
förenklingar   Undrar då över hjärnan, om den också kan
ses i en annan kosmologisk modell; som om universums växande
komplexitet
skulle kunna leda till en ny form av förståelse...
I den ljusa grå natten tog jag upp lysmasken i handen   Dess lillla lykta
belyste handens hud   När vi tog in den i elljuset skimrade dess leder
i grönt   Jag gick ut igen, satte försiktigt tillbaka den där jag fann den
När vi for över den lilla havsviken i natten kom rök från båtens motor
Sedan den stannat tog Lena ådrorna   Jag såg oss brinnande i ett hav av
bensin...
Det var när jag oroade mig för hur vi skulle ta oss härifrån i natten
tankarna och planetbanorna kom   Säkert har någon tänkt detta förut

Tänker mig människorna som byggde labyrinten   Att de såg samma öar,
samma hav
Och samma ljus, samma nattljus den ljusa natten   Planeterna syns då inte,

El aguardiente, el vino   Las conversaciones vendrán, con los amigos, sobre
la vida y la muerte

Pensé anoche que los pasajes del laberinto en Trojeborgen, en el monte,
son un signo cómico   Que los pasajes del laberinto son órbitas planetarias,
en su impenetrable matemática, sin las simplificaciones de Kepler y
Newton   Me pregunto si el cerebro, si él también
es visto en otro modelo cosmológico; como si la complejidad creciente del
universo
condujese a una nueva forma de comprensión...
En la luminosa noche gris tomé una luciérnaga en la mano   Su pequeña linterna
iluminó la piel de la mano   Cuando la acercamos a la luz eléctrica brillaron sus
contactos
en color verde   Salí otra vez, la dejé con cuidado donde la había encontrado
Cuando cruzamos la pequeña bahía en la noche surgió humo del motor de la lancha

Luego de detenerse Lena tomó los remos   Nos vi ardiendo en un mar de
gasolina...
Fue cuando me inquieté por cómo lograríamos irnos de allí en la noche
los pensamientos sobre las órbitasplanetarias retornaron   Seguramente alguien ya ha
pensado esto

Pienso en los humanos que construyeron el laberinto   Que vieron las mismas
islas, el mismo mar
y la misma luz, la misma luz nocturna la noche luminosa   Los planetas no
se ven entonces,

möjligen Venus   Vi följer hennes ljus   Dåg ner på den ljusa havsbotten,
sjöstjärnorna, krabbornas rörelser   Den vajande blåstången   Musslorna
Tänkte på havsdöden; profetiorna om den, felaktiga   Ändå dör havet
Successivt försvinner arter   En havsförvandling, till vad? I en diabaskleva
i berget låg en minskärva från Andra världskriget   Lasse examinerade
hålet för hornet, letade efter rester av dess bly   Först senare
blev jag påmind om att hans far dog i en minsprängning till havs
för 60 år sedan   Lasse slåss nu mot cancern, han är mager, mycket gul,
                              han rör sig vigt över klipporna
Han talar om platsen, att den vill han bara visa nära vänner, det är
en stenmal framför berget   Däremellan finns det som var korparnas klyfta
Boet ligger nu öde, någon sköt fåglarna   Senare ser jag ett korppar flyga

Det var ingenting dramatiskt med båtens motor   I fyllan
på midsommarafton glömdes choken, så att motorn dog
Vi rör oss genom öns landskap, en gles procession, oregelbunden
Vi ser på den sällsynta blommorna, strandvallmo, ostronört
På midsommaraftonen såg jag själv ostronört, smakade på dess blad
smaken av hav, musslans smak   Som i ett slags mimicry av smaker
Idag regnar det   Vi väntar på en båt från Koster, med Linus
och hans vänner, och den åldrade Harkisan Surjeet Singh, som jag inte

posiblemente Venus Seguimos su luz Miramos el luminoso fondo del mar,
las estrellas marinas, los movimientos de los cangrejos La encina de mar oscilando
                                                              Los mejillones
Pensé en la muerte marina; en las profecías sobre ella, erróneas Sin embargo el
                                                              mar muere
Sucesivamente desaparecen especies Una transformación del mar, ¿en qué? En
                                              una fisura de diabasa
del monte había una esquirla de mina de la Segunda Guerra Lasse examinó
el hueco de su púa, buscó restos de su plomo Recién después
alguien me recordó que su padre murió en una explosión de mina en el mar
hace 60 años Lasse lucha ahora con el cáncer, está delgado, muy amarillo,
                                              se mueve ágil sobre las rocas
Él habla del lugar que quiere mostrar sólo a los amigos cercanos,
una cantera frente al monte En el medio está lo que fue el Despeñadero de los
                                                              Cuervos
El nido ahora desierto, alguien mató los pájaros Luego veo una pareja de cuervos
                                                              volar

No era ningún drama lo del motor del bote En la borrachera
del medio verano se olvidaron de la toma de aire, el motor murió
Nos movemos a través del paisaje de la isla, una magra procesión, irregular
Vemos flores extrañas, la amapola de la costa, la hierba de ostra
En la noche del medio verano yo mismo vi la hierba de ostra, degusté en sus hojas
el sabor a mar, a mejillones Como una especie de mimetismo de sabores
Hoy llueve Esperamos un barco de Koster, con Linus
y sus amigos, y el envejecido Harkisan Surjeet Singh, que no

träffat sedan 1985, då jag körde honom och Goran och Lena till Furusund
Vi talade hela kvällen   Om Afghanistan   Om Sovjetunionen och dess
förhållande till tredje världen   Jag har en lösning, sade han   Jag
trodde honom inte   I kampen mot engelsmännen hade han suttit i fängelse
För honom, och för många med honom, var de marxist-leninistiska rörelserna
det enda som stod till buds   Det kan ingenting ta ifrån honom
Kanske kommer de inte   Kanske regnar det denna dag för mycket
Jag vet inte om detta är en ingång   Till vad? Till en nytt
universum? Som om det fanns en födelserad   Som strängen av ägg,
allt mindre, i hönans inälvor   Min far öppnade henne, och tog ur
Sedan snart 50 år är min far bland de döda   Han har nu sällskap
Snart ska jag också vara där; jag vet inte om hur länge
Ska innan dess ny form, nya tankar bli möjliga? Skapelse-
potentialen är enorm   I alla det levandes varelser   Kanske också
i de icke-levande organisationerna i autopoiesis   Detta säger
några av teorierna   Teorins form är i sitt avtryck i labyrinten
                              på berget...
Några mil härifrån fanns Pentti, på en annan ö, vid ett annat berg,
                              en annan labyrint
Sedan länge är han bland de döda   Jag försvarar honom, beskriver hans
                              sjukdom, exakt, så som jag minns den
Blev han nästan exakt lika gammal som min far? Jag har inte här, på ön,
möjlighet att kolla det   Men det var i samma ålder   Vad kan de tala om?
Underligt nog tror jag att de skulle komma överens   Pentti iakttog
när jag högg av det kokta äggets topp med kniven   Det var för honom tecken
                              på att jag inte tillhörde överklassen

he visto desde 1985, cuando lo llevé a él y a Göran y a Lena a Furusund
Hablamos toda la noche   Sobre Afganistán   Sobre la Unión Soviética y su
relación con el Tercer Mundo   Tengo una solución, dijo   Yo
no le creí   En la lucha contra los ingleses había estado en la cárcel
Para él, y para muchos como él, los movimientos marxistas-leninistas eran
lo único a la vista   Nadie puede convencerlo de lo contrario
Tal vez no vengan   Tal vez llueva demasiado esta vez
No sé si esto será una entrada   ¿A qué? ¿A un nuevo
universo? Como si hubiese una fila de nacimientos   Como un hilo de huevos,
cada vez más pequeños, en la entraña de la gallina   Mi padre la abrió, y la vació
Hace 50 años que mi padre está entre los muertos   Ahora tiene compañía
Pronto estaré también yo allí; no sé dentro de cuánto
¿Serán posibles antes de esto nuevas formas, nuevos pensamientos ? El potencial
creador es enorme   En todos los seres vivientes   Tal vez también
en las organizaciones no vivientes   En la autopoiesis   Eso dicen
algunas de las teorías   La forma de la teoría está en la huella del laberinto del
monte...
A unas decenas de quilómetros de aquí está Pentti, en otra isla, junto a otro monte,
otro laberinto   Hace tiempo está entre
los muertos   Yo lo defiendo, describo su enfermedad, con exactitud, como yo la recuerdo
¿Llegó casi a la misma edad de mi padre? No tengo aquí, en la isla,
la posibilidad de constatarlo   Pero eran de la misma edad   ¿De qué estarán
hablando?
Extrañamente creo que podrían estar de acuerdo   Pentti observó
cuando corté con el cuchillo el extremo del huevo   Para él fue la señal de que yo no
pertenecía a la clase dominante

Vi drömde drömmen om det klasslösa samhället   Skulle vi klara det bättre?

Jag har frågat det förut   Jag skriver detta i rummet till en av mina andra

döda

Den senaste i raden   Han utmanade mig, att jag inte skulle våga komma hit

Nu är jag här   Lena ville att vi skulle samla stenar   Det här är min

Havets levande system av relationer   Från minsta plankton

raden av organismer, till de största djuren   Strömmarna av

salter, slam, sten från jorden och bergen   Från de djupa

havsvulkanerna, deras särskilda organismer, bortanför syrecyckeln

Sjöstjärnorna ligger orörliga på den ljusa sandbotten   En stor krabba

gräver ner sig, vilardär orörlig, i väntan   Dess ögon ser

De bruna algerna rör sig, i de små virvelrörelserna, ekon av de

större vågorna, utanför viken, utanför arkipelagen   Inatt oro

över den andra färden på havet, att vi inte skulle klara den

Vi hör berättelserna om olyckor, om havets nyckfullhet   Hur på ett

ögonblick stormen kommer   Om en kropp hackad till köttfärs

mot klippornas havstulpaner   De mörka klippan, vid korpklyftan

Vulkanerna är långt borta   De närmaste är sedan länge döda, utplånade

Minns kristallerna jag som barn plockade vid foten av Kinnekulle,

mörka, stavformade   Som i en inre, tät pelarsal   Där ljuset upphörde

På vägen mot toppen plockade vi vildkörsbär, ljusa och mörka

Det var när min far ännu levde; han kallade dem moreller   Idag

är min mors tredje dödsdag   Början på hennes fjärde år i döden-

Soñamos el sueño de la sociedad sin clases   ¿Íbamos nosotros a tener más éxito?
Lo he preguntado antes   Escribo esto en la habitación de uno de mis otros muertos
El último en la fila   Él me desafió a que osara llegar hasta aquí
Ahora estoy aquí   Lena quería que juntásemos piedras   Esto es mío
El sistema vivo de relaciones del mar   Desde el plancton más mínimo
filas de organismos, hasta los animales mayores   Las corrientes de
sales, cienos, piedras de la tierra y las montes   Desde los profundos
volcanes marinos, sus organismos singulares, más allá del círculo de los ácidos
Las estrellas de mar yacen inmóviles en el luminoso fondo   Un gran cangrejo
se entierra, descansa allí inmóvil, a la espera   Sus ojos ven
Las algas ocres se mueven, en los pequeños remolinos, ecos de las
olas mayores, fuera de la ensenada, fuera del archipiélago   Esta noche inquietud
por el otro viaje por el mar, por no poder llegar
Oímos relatos de accidentes, de los caprichos del mar   Cómo en un
instante llega la tormenta   Y de un cuerpo hecho carne picada
contra las bellotas de mar de las rocas   La roca oscura, junto al despeñadero
                                        de los cuervos
Los volcanes están lejos   Los más cercanos han muerto hace tiempo, exterminados
Recuerdo los cristales que de niño yo juntaba junto al pie de Kinnekulle,
oscuros, en forma de bastones   Como en una sala interior, densa de columnas
                                        Donde la luz cesaba
De camino a la cima recogíamos cerezas silvestres, claras y oscuras

Era cuando mi padre aún vivía; las llamaba moritas   Hoy
es el tercer aniversario de la muerte de mi madre   Comienzo de su cuarto año en la
                                        muerte-

Du, älskade vän, är mycket mjuk   Känner din näsa vid min näsa, dina
                               läppars särskilda mjukhet

Jag läser ide första sidorna av Odysséen   Om Pallas Atheneas
vackra sandaler; ambrósia chrýseia, och som bar henne över vattnet
och den gränslösa jorden   Odödliga   Gyllene   Som stormvindar
Så börjar gudinna sitt ingripande i Odysseus öde, efter rådslaget
med de andra gudarna, i Poseidons frånvaro   Vilken gud är här frånvarande
Vilket monster är i centrum av labyrinten på berget   Något alls?
Eller den stjärntydande människan   Mot polstjärnan, kring vilken
                               allt vrider sig?

Detta är Kalvön   Vi rör oss över berget mot udden i nordväst
i den hårda vinden,söker oss i lä   Passerar tackorna med sina lamm;
i fjärran syns den långhåriga höglandsboskapen   De små, svarta
lammen ser på oss, bräker lite   En strandskata flyger
Ute på udden två havstrutar, på ett litet skär, lyfter med
väldiga, svarta vingslag   Här går djurprännan   En förgrening av
Kosterfjorden, tror jag   En väldig, röd brännmanet rör sig
i det mörkgröna, pulserar med flikiga rörelser   Vinden mojnar något
Vi går tillbaka mot berget över heden   Jag har sökt efter bergkristaller,
till dig, men inte funnit några   Jag går åter till labyrinten   Du
följer mig   Vi gårsedan idess kosmiska ringar; olika vägar
Jag har kontrollerat väderstrecken; så gott som det går   Det phalliska centrum

Tú, querida amiga, eres muy suave   Siento tu nariz junto a la mía, la suavidad
especial de tus labios

Leo en las primeras páginas de la Odisea   Sobre las bellas sandalias
de Palas Atenea; ambrósia chrýseia, las que la transportaban sobre el agua
y la tierra sin límites   Inmortales   Doradas   Cual vientos de tormenta
Así comienza la diosa su intervención en el destino de Odiseo, luego del consejo
con los otros dioses, en ausencia de Poseidón   ¿Qué dios falta aquí
qué monstruo está en el centro del laberinto del monte?   ¿Acaso alguno?
¿O es el hombre interpretador de los astros   Hacia la estrella polar, en torno a la
cual todo gira?

Esto es Kalvön   Nos movemos sobre el monte hacia el cabo al noroeste
en el viento fuerte, buscamos refugio   Pasamos junto a las ovejas con sus
corderos;
a lo lejos se ve el ganado de tierras altas, de largos cuernos   Los pequeños
corderos negros nos miran, balan un poco   Un ostrero vuela
Por el cabo dos gaviones atlánticos, en un pequeño islote, se elevan con
poderosos, negros aletazos   Aquí está el canal   Una ramificación del
fiordo de Koster, creo   Una colosal, roja quemadura se mueve
en el verde oscuro, pulsa con flameantes movimientos   El viento amaina un poco
Volvemos hacia el monte por el prado   He buscado cristales de roca,
para ti, mas ninguno encontré   Vuelvo al laberinto   Tú
me sigues   Luego vamos por sus cósmicos anillos; diferentes caminos
He fijado los puntos cardinales; dentro de lo posible   El centro fálico

som också kan vara en slidform, är i polstjärnans riktning   Osynlig i
somarnattens ljus   I dess riktning är också en klyfta i berget
Jag ser att flikar av havet syns i väster och i öster   I detta tecken
tar jag åter bäring   Som om vilsegången i labyrinten var den enda möjliga
utgångspunkten   Att jag ska veta det   Och konfrontera monstret   I mig
Eller utanför mig   Eller jag själv   Rymden av relationer spänns upp
Som om entiteterna, föremålen, varelserna skapades oavbrutet   Som om de
steg ur det omöjliga motstrycket, det omöjligas Ocean   Skälvande
                                                        i sin oändlighet...
På kvällen, under blågrå moln, går vi till öns östra sida   Där är
bottnarna nästan döda   Algerna täckta av slam   Övergödning, säger jag,
som om jag visste   Vi går upp på det lilla berget som stupar brant
Där växer vit sedum och gul sedum, nere vid bryggorna backlök   Ser regnet
komma, uppifrån Koster, går snabbt upp till huset, litet,vitt, under
berget   Fönstren har utvändigt målade bårder ovanför, blå slingor

que también podría ser una forma vaginal, está apuntando a la estrella Polar

                                                Invisible en

a luz de la noche de verano   En su dirección hay también una grieta en el monte
Veo que pliegues del mar se observan al este y al oeste   En base a ese signo
fijo rumbo otra vez   Como si el extravío en el laberinto fuese el único
punto de partida   Que esto he de saber Y enfrentar al monstruo   En mí
O fuera de mí   O yo mismo   El espacio de las relaciones se tensa
Como si las entidades, los objetos, las cosas se crearan sin cesar   Como si ellos
surgiesen desde su imposible contrario, el imposible Océano   Palpitante en su infinitud...
Por la noche, bajo nubes grises azuladas, vamos hacia el extremo oeste de la isla   Allí

                                                están

los fondos casi muertos   Las algas cubiertas de cieno   Sobrealimentación, digo,
como si supiese   Subimos al pequeño monte que cae a pico
Allí crece sedum blanco y sedum amarillo, abajo, junto a los muelles, ajo oleráceo

                                                Veo la lluvia

llegar, desde arriba de Koster, subo apurado hacia la casa, es pequeña, blanca, bajo
el monte   La ventana por fuera, encima, tiene pintados ribetes, lazos azules

Det oavslutade språket
föds oavbrutet på nytt,
krossas, och föds på nytt
Serier på serier av vågor
i det vidöppna fältet
Mellan serierna
nya serier, i mellanrummen
mellan mellanrummen
Mellan tid och tid   Mellan tiden
och all annan tid
Oändliga spektrum av tider!
Av rum utanför, i varandra!

+

Vad är det som finns? Och
hur finns det?

Det alltmer komplexa tecknet   Tecknet
uppbyggt av andra
serier av tecken
rör sig, förgrenat
över jordens yta, också ner
under jorden, och utåt

El lenguaje inconcluso
de nuevo nace interminablemente,
se rompe, y vuelve a nacer
Series de series de olas
en el campo abierto
Entre las series
nuevas series, en los intervalos
entre los intervalos
Entre tiempo y tiempo   Entre el tiempo
y todo otro tiempo
¡Espectro interminable de tiempos!
¡De espacios exteriores, el uno en el otro!

+

¿Qué es lo que hay ¿Y
cómo es que hay?

El signo más y más complejo   El signo
construido con otras
series de signos
se mueve, ramificado
sobre la superficie de la tierra, también hacia abajo
bajo tierra, y hacia afuera

i universum   Tecknets bas
förändras, förendrar
tecknet, förändras själv
av tecknet, av
sina egna delars
komplexifiering
Universum
förändras av tecknet

Tecknet på muren   Kan du läsa?
Ska jag läsa det för dig?

+

Vi klyvs   Våra tecken
klyvs, nerifrån och uppbyggt

Vi klyver varandra
Vi förenas,
nerifrån och upp

en el universo   La base del signo
es cambiado, cambia
el signo, se cambia a sí mismo
por el signo, por
la propia complejización
de sus partes
El universo
es cambiado por el signo

Signo en el muro ¿Puedes leer?
¿Lo leo para ti?

+

Nos escindimos   Nuestros signos
se escinden, de abajo arriba

Nos escindimos mutuamente
Nos reunimos,
de abajo arriba

Den kalla vinterdagen
i gnistrande
sol, snö
hörde vi
från en trädtopp
en fågel
Ett slags
pulserande vissling
Sedan
såg jag den
uppe i den
genom barken
grönskimrande aspen
Något större än en småfågel
ljust lysande
bröst   Sedan
ser jag i en glimt
det svarta strecket
vid ögat
En nötväcka

El día frío de invierno
en crujiente
sol, nieve
oímos
desde el tope de un árbol
un pájaro
Una especie
de silbido pulsando
Luego
lo vi
arriba
a través de la corteza
sobre un verde álamo brillante
Algo mayor
que un pájaro pequeño
brillando pecho
claro   Luego
veo en un destello
la raya negra
junto al ojo
Un trepador azul

DIKT; 2.10.1975

+

synfält, med
en ring
av mörkt
Hur tar jag ditt
människoliv på
allvar
I synfältets ytterkant en
fågels skugga
ett ögonblick
Kan jag öppna mitt
synfält in till
dig? Hur gör jag det? Jag
har så länge
slutit mitt öga kring mig
själv
Du har så länge inte velat
se
Skulle vi gå tillsammans till en
annan plats, ett annat liv?
Gå i det gemensamma ögats fält, ännu

POEMA; 2.10.1975

+

campo de visión, con
un anillo
de oscuridad
Cómo puedo tomar en serio
vidas humanas
allí
En el extremo exterior del campo de visión
la sombra de un pájaro
un instante
¿Puedo abrir mi
campo de visión hacia
ti? ¿Cómo lo hago?
Por ahora he
cerrado mi ojo en torno a mí
mismo
Tú no has querido por ahora
ver
¿Iríamos juntos hacia otro sitio, otra vida?
¿Ir hacia el campo común de visión, aún

med våra egna ögon?
Snabba blixtar av förändring genom
fältet av skugga   Ringen, tyngden
kring det möjliga
ögats syn
Du har inte blivit människa än
Jag har inte blivit människa än
Den spända
strängen vibrerar genom allt
Den spänns hårdare och hårdare i
våra liv,
klingar,
klingar

con nuestros propios ojos?
Rápidos relámpagos de cambio a través
del campo de sombra   El anillo, el peso
en torno a la posible
visión del ojo
No te has vuelto persona todavía
No me he vuelto persona todavía
La tensa
cuerda vibra a través de todo
Se tensa más y más en
nuestras vidas,
resuena,
resuena

ORMÖGA; ANDRA DIKTEN

Här är Ormöga   De grå molnen driver över
det flacka hedlandskapet   Havshorisonten grå
med en lysande strimma precis över land
Göken ropar   Enkelbeckasinerna flyger vid kalkkärret
Ängsnycklarnas mörkt lila facklor lyser   Gräset är
grågrönbrunt, skiftande   Runt om står avgrunden
Den finns bredvid sängen jag sover i   Brant
stupande natt   Vi flyter över mörkret, som över
universum, i sin abstraktion   På morgonen är vi till-
sammans   Vi hör musiken   Jag hör också Intets klang

I fjärran syns fiskebodlarna, kapellruinen
Mellan dessa står det keltiska korset, av kalk-
sten, som vore det självt den korsfäste med
utbredda armar   Händerna   Huvudet   Fot
Beväxt med grå och gula lavar   Nu sveper
regnet in landskapet   Den blå kärrhöken flög
framför dungen mot havet   Ja ska inte ha något försvar
Jag är i det strömmande mörkret också den ljusa natten
Jag har satt upp som ett tecken
fjädern jag plockade vid det östra havet

ORMÖGA; SEGUNDO POEMA

Aquí es Ormöga   Pasan las nubes grises por encima
del plano paisaje del páramo   El horizonte gris marino
con una banda luminosa justo sobre la tierra
Llama el cuclillo   Vuelan las becadas junto a la cantera de cal
Brillan las antorchas lilas de las orquídeas encarnadas   La hierba es
gris verde ocre, cambiante   Alrededor está el abismo
Está junto a la cama en la que duermo   Noche
cayendo a pico   Flotamos sobre la oscuridad, como sobre
el universo, en su abstracción   Por la mañana estamos jun-
tos   Escuchamos la música   También oigo el sonido de la Nada

A lo lejos se ven las cabañas de pescadores, la ruina de la capilla
Entre ellos está la cruz celta, de piedra
caliza, como si fuese el propio crucificado con
los brazos extendidos   Las manos   La cabeza   Pie
Crecido en lavas grises y amarillas   Ahora cubre
la lluvia el paisaje   Voló el halcón azul
frente al soto hacia el mar   No tendré defensa alguna
Estoy en la vertiente oscuridá también la noche clara
Dispuse como un signo
la pluma que recogí junto al mar del Oeste

Min far och min mor finns idet västra havet, som jag
också rörde vid, med handen   Här finns det andra döda, andra
levande   Vi rör vid varandras förvridna ansikten
Jag känner dess geometri   Jag ser svalornas flygbågar
också här, snabbt ändrade i flykten, en ständig avpassning
Den blå kärrhöken har sin geometri, i sin flykt   Det är den
vi tar den på, där långt borta, i fjärran
Fjädern är innerst grå, sedan brun, ytterst nästan vit
Också innerst vid roten finns det vitt, fjuntigt
Svalorna bygger ännu på sina bon, ytterst är leran fuktig
¡Ay! ¡Ay! Det mörka ansiktet vilar under allt detta

Landskapet här rör sig i en till synes
äldre ekonomi   Samma stengärdsgårdar, samma fält
som från en annan tid   Fåglarna   Orkidéerna   Ingår
gick vi till havet; innanför talldungen växte
ett mycket stor exemplar av Johannesnycklar,
Orchis militaris, ljust lila, kraftigt ax, grov stjälk
Nere vid havet gick jag till ståndetmed Blodnycklar,
fläckiga blad, kraftigt tecknade blomläppar, bredvid
Ängsnycklarna, mörkare lila   Rödspoven flög upp
Korna, unga kvigor, formerade sig på rad i fjärran
Lantbruket pågår   Doften av flygödsel i regnet, under
dimmorna   På havet går båtar med frakt   På triftens
stjälk lyste ringspinnarens larv i kvällssolen, rödbrunt
behårad, över de ljust blå och bruna strimmorna längs kroppen

Mi padre y mi madre están en el mar del Oeste, que también
toqué, con la mano   Aquí hay otros muertos, otros
vivos   Tocamos los rostros deformados el uno al otro
Conozco su geometría   Veo los arcos del vuelo de las alondras
también aquí, cambiando el vuelo rápido, una adaptación constante
El halcón azul tiene su geometría, en su huída   Es lo que
creemos que es, allá lejos, en lo remoto
El plumaje es en el interior gris, luego ocre, en el exterior casi blanco
También en el interior, junto a la raíz hay blanco, velloso
Las alondras construyen aún su nido, en el exterior la arcilla es húmeda
¡Ay! ¡Ay! El rostro oscuro descansa bajo todo esto

El paisaje aquí se mueve en una aparente
economía antigua   Las mismas granjas con cercos de piedra, los mismos campos
como de otro tiempo   Los pájaros   Las orquídeas   Ayer
fuimos al mar; dentro del bosquecillo de pinos creció
un ejemplar muy grande de Orquídea Soldado,
Orchis militaris, lila claro   Fuerte espiga, tallo grueso
Bajando al mar fui hasta el puesto de la Orquídea Colorada,
hojas manchadas, pétalos de diseño enérgico, junto
a los Lirios del Valle, de lila más oscuro   La aguja colinegra ascendió
Las vacas, terneras jóvenes, se formaron en línea a lo lejos
La agricultura se mantiene   El olor del guano en la lluvia, bajo
las nieblas   Por el mar van barcos con su carga   En el tallo de la
armería brilló la larva de la Oruga de Librea al sol nocturno, ocre rojiza
peluda, en las estrías celestes y ocres a lo largo del cuerpo

Vi är i nätverket av beroenden   Vem är det som mördas?
Vem mördar jag?   Allt beror på sättet vi rör vid varandra

I Ormöga bor den blinde, ensam, sedan hans mor dog
för ett para år sedan   När jag hämtar posten hos honom
vänder han sitt öras blick mot mig när vi talar med varann
I hans ansikte finns ett slags frid   Gården förfaller alltmera
Vi hyr här hos en av hans systrar, i ett av husen på
utägan mot havet   Det mesta är nu utarrenderat   Jag berättade för henne
om Gunnar och Verner i Färgaryd, hur de behöll en kalv
Språket rör vid min barndom   Jag blir nu allt barnsligare
Idag är sista dagen av året efter min mors död   Vi ska tända ljus

Alla sover   Alla är som vore de vakna
i den yttersta gryningen   Landskapet helt stilla
Min mor är död sedan ett år   Nu är jag helt ensam
Mitt barn sover   Du sover, kära   Alla ska sova
På morgonen tänder vi ljus i fönstret i solen
mellan oss och havet   Här är Ormöga, där vi skulle ha varit
för ett år sedan   Vi är här för andra gången

Vad ser jag med ormens blick ut mot havet   I min
självtillräcklighet, i min brist på intresse för de
andras liv   Det indifferentas geometri   Mitt torn är här
vänt mot havet, sedan värdinnan låst det andra rummet

Estamos en la red de dependencias   ¿Quién es asesinado?
¿A quién asesinó? Todo depende del modo en que nos tocamos

En Ormöga vive el ciego, solo, después de la muerte de su madre
hace un par de años   Cuando recojo el correo en su casa
él vuelve la vista de su oído hacia mí cuando hablamos
En su cara hay una especie de paz   La granja está ahora en decadencia
Alquilamos a una de sus hermanas, en una de las casas del
aledaño hacia el mar   Casi todo está ahora arrendado   Le conté a ella
sobre Gunnar y Verner en Färgaryd, de cómo se quedaron con un ternero
El idioma toca mi infancia   Me pongo más y más infantil
Hoy es el último día del año después de la muerte de mi madre   Encenderemos velas

Todos duermen   Todos están como despiertos
en el alba ulterior   El paisaje totalmente en calma
Mi madre está muerta hace un año   Ahora estoy completamente solo
Mi niño duerme   Tú duermes, querida   Todos dormirán
Por la mañana encendemos velas en las ventanas y el sol
entre nosotros y el mar   Aquí es Ormöga, donde deberíamos haber estado
hace un año   Estamos aquí por segunda vez

Qué veo con mirada de serpiente hacia el mar   En mi
autosuficiencia, en mi falta de interés por la vida
ajena   La geometría de lo indiferente   Aquí está mi torre
enfrentada al mar, después que la anfitriona cerró las otras habitaciones

Jag ska inte bryta upp andras rum   Bara mina egna
Ingenting kan ändå upprepas   Svalornas geometri är ständigt ny
Kanske går vi in I varandras rum   Som i en Hadeskammare?
Vi ska vara i varandras ohjälplighet   Där finner kärleken oss

Min mor har gått in I min tystnad, är nu del
av den   Där kan hon inte längre störa mig   Det
behövs nu inte heller   Hon rör nu vid mig med alla blad
Den grå eftermiddagen går jag ensam mot havet
Rödspovarna flyger upp,cirklar omkring mig, ropar
Också storspoven flyger upp   Vid talldungen mot
havet har en rödbrun ko tagit sig över stenmuren   Hon
följer mig med blicken   Jag följer henne   Framme vid
havet rör jag vid vattnet, följer stranden   Ser efter
skärfläckor I viken mot Kapelludden, men där är inga

Min mors tystnad andas   Jag är i min andning   Den djupa
rösten hörs, inne i mig, i tystnad   Vems tur är det nu?
Ay! Ay! Tornsvalornas ungar flyger, redan suveräna   Jag andas
in   Kön, djur, varelser, samhällen, människor   Så andas de
också inne i mig   Jag utplånar ingen   Rösten är i sina
delningar, oändligt subtilt   Den är inte underkastad någon
Jag väntar på den mörka smärtan   Som ska komma
och bryta sig in som min mor   Hon kommer också som
kvinna, och jag vilar i henes genomskinlighet
Hon är rasande svartsjuk, tolererar inte att jag är

No invadiré habitaciones ajenas   Solamente las mías
Nada puede repetirse   La geometría de las alondras es continuamente nueva
Tal vez vayamos a mutuas habitaciones   ¿Como en una cámara del Hades?
Estaremos en la indefensión mutua   Allí nos encuentra el amor

Mi madre ha entrado en mi silencio, ahora es parte
de él   Allí ya no puede molestarme   No es
tampoco necesario ahora   Ella me toca con todas las hojas
En la tarde gris camino hasta el mar
Las agujas colinegras ascienden, vuelan en círculos en torno a mí, llaman
También el zarapito real asciende   Hasta el bosquecillo de pinos hacia
el mar una vaca ocre y roja se ha saltado la cerca de piedra   Ella
me sigue con la mirada   Yo la sigo   Frente al mar toco el agua, sigo la costa   Busco
manchas de alquitrán en el cabo hacia Kapelludden, mas no encuentro ninguna

El silencio de mi madre respira   Estoy en mi aliento   La voz
profunda se oye, dentro de mí, en silencio   ¿De quién es el turno ahora?
¡Ay! ¡Ay! Los pichones de vencejo vuelan, ya soberbios   Respiro
Sexos, animales, seres, sociedades, gentes   Así respiran
también dentro de mí   No aniquilo a nadie   Las voces están en sus
reparticiones, infinitamente sutil   No es para aplastar a nadie
Espero el oscuro dolor   Que llegará
y penetrará como mi madre   Ella llega también como
mujer, y yo descanso en su transparencia
Ella está furiosa de celos, no tolera que yo esté

hos någon annan   Det finns ingen sömn   Jag är hos min kära
Vi vilar innanför den utdragna bädsoffarns vingar av trä
Över heden och skogenstår månen, något större än en skära,
kommande   Den lyser med silver-guldljus I den ljusa natten
Ännu juni   Senare på natten hör jag rödspovens skri

Juli   Genom det öppna fönstret kommer luften från havet
Hör svalorna, deras små tjirpande ljud   Långt bortifrån
hörs storspoven   Sorgen efter min mor kom, utan tid, den bryr
sig inte om tid   Såg hennes leendes väldighet, när hon inte
längre var ledsen   Enormiteten utan förbehåll, bara i existens
Här är Ormöga   Smärtan har ingen tid   Inte heller glädjen
Havet glittrar I fjärran   I strandlinjen syns bäckens klyfta

Jag väntar ännu på smärtans inbrytningi det kommande, I sina
mörkerformer   Jag ser bebådelsens ängel på dopfunten I Egby
gotländsk sandsten, 11-hundratal   Den flyger som dödsfåglarna
på bildstenarna några hundra år tidigare   Men med gloria kring
huvudet, över de vilda djuren som uppvaktar Maria
Hon vilar I en annan scen lindad, till hälften sittande
på en säng, Josef ger henne något att dricka   Vi far till
det lilla alvaret efter   Bockberget västerut   Där ser vi tranorna stiga
Gul sedum blommar, och vitt, till hälften utslagen   En liten
tuva timjan lyser lila   På en mörk kalkflata en ljus sten,

con ningún otro   No hay sueño   Estoy con mi querida
Descansamos dentro de las alas desplegadas del sofá de madera
Sobre el prado y el bosque está la luna, algo mayor que una hoz,
creciente   Ilumina con luz oro y plata en la noche clara
Todavía junio   Más tarde en la noche oigo el canto de la aguja colinegra

Julio   A través de la ventana abierta llega el aire del mar
Oigo las alondras, sus pequeños sonidos chillantes   Lejos
se oye el zarapito real   El duelo por mi madre llegó, sin tiempo, no le importa
al tiempo   Vi el tamaño de su sonrisa, cuando no estaba ya
triste   La enormidad sin reservas, sólo en existencia
Aquí es Ormöga   El dolor no tiene tiempo   Tampoco la alegría
El mar brilla a lo lejos   En la línea costera se ve la abertura del arroyo

Espero aún la entrada del dolor en lo inmediato, en sus
formas oscuras   Veo al ángel de la anunciación en la pila bautismal de Egby
piedra arenosa de Gotlandia, siglo XII   Vuela como los pájaros de la muerte
en las imágenes de piedra algunos siglos antes   Pero con aureola en torno
a la cabeza, sobre los animales salvajes que protegen a María
Ella descansa en otra escena vendada, a medias sentada
en una cama. José le da algo de beber   Nos dirigimos hacia
la pequeña planicie rocosa más allá de Bockberget al Oeste   Allí vemos ascender
                                                        las grullas
Florece el pampajarillo, blanco, a medias marchito   Un pequeño
brote de tomillo lila brilla   Sobre una laja de cal oscura una piedra blanca,

något slags sandsten, mosssbeväxt, urgröpt   Ett kranium
Du sträcker dig på den varma flatan, vilar där   På avstånd
ser jag dig som ett djur, grönt-och-svartfläckig, som inte finns
På natten flög tornsvalorna framför månen, nästan halv   En
enda stjärna framträdde, knappt urskiljbar, I den ljusa natten

Ljudet av regn mot taket   Också här I tornet av intet
Gösta Skyle   Vi ska fara härifrån direkt till hans begravning
Han är den sisteav min barndoms varelser   Hos honom fanns
samma ljushet, samma vänlighet som hos min far   Inte hans smärta
Så har jag inte serr den förrän nu, I kontrasten, I döden
Förstår att min far inte ville vara den han var   Hos Gösta såg jag
ett annat samhälle avteckna sig   Där ingen såldes   Ingen köptes
Ser, att min far flydde från sin mors smärta, hennes hårdhet, dominans
Helge berättade hur han gick springa på nätterna med pottan full av blod
Hon förbjöd Gunnar att gifta sig, sedan han misslyckades i Amerika
när banken med hans sparade pengar gått omkull, och han fick gå
i nåder hemma som dräng   Farfar skrev till honom, när han var inkallad
sommaren 1941, om skörden, och att han hoppades att han skulle slippa
gå ut i krig   Ser framför mig Göstas föräldrar, August och Selma, Gösta
liknade henne, minns uppståndelsen jag väckte när jag som barn sade:
farbror Svensson är en nazist   Vem har sagt det? Var har du hört det?
De vuxna i ring runt om, upprörda   Jag förstod ingenting av detta
Vet inte, men jag har ingen anledning att tro det var sant
Han var specerihandlare på Vattugatan I Halmstad, en liten butik
i källaren till det stora hyreshuset, buktigt plåttak över trappan ner

una especie de piedra arenosa, cubierta de musgo, hendida   Un cráneo
Te estiras en la caliente laja, descansas allí   A la distancia
te veo como un animal, verde-y-con-manchas-negras, que no existe
Por la noche volaron los vencejos frente a la luna, casi media   Una
sola estrella apareció, apenas divisable, en la noche clara

El sonido de lluvia contra el techo   También aquí en la torre de la Nada
Gösta Skyle   Desde aquí nos iremos directamente a su entierro
Él es el último de los seres de mi infancia   Hay en él la misma luminosidad, la misma
amabilidad que en mi padre   No su dolor
Así no lo había visto nunca antes, en el contraste, en la muerte
Entiendo que mi padre no deseaba ser el que era   En Gösta vi
otra sociedad dibujarse   En la que nada se vendía   Nada se compraba
Veo que mi padre huía del dolor de su madre, su dureza, tiranía
Helgue contó cómo tenía que correr por las noches con la escupidera llena de sangre
Ella prohibió a Gunnar que se casase, luego de su fracaso en Norteamérica
cuando quebró el banco con su dinero ahorrado, y tuvo que volver
a sufrir como peón en su tierra   El abuelo le escribió, cuando lo llamaron a servicio
en el verano de 1941, para la cosecha, y él esperaba poder eludir
la guerra   Veo frente a mí a los padres de Gösta, August y Selma, Gösta se
parecía a ella, recuerdo el alboroto que armé cuando dije siendo niño:
el tío Svensson es un nazi   ¿Quién ha dicho eso? ¿Dónde has oído eso?
Los adultos rodeándome, inquietos   Yo no entendía nada de esto
No sé, pero no tengo ninguna razón para creer que era cierto
Era comerciante en especias en Vattugatan, Halmstad, una pequeña tienda
en el sótano de la gran casa de apartamentos, techo de lata curvo sobre la escalera

Hans barn Gösta och Helfrid ville bli konstnärer; han blev tecknings-
lärare,
hon blev telefonist Den andre sonen, Sture, blev kemist; när jag var
nio eller tio år, kanske elva, besökte jag honom på Chemicum I Lund
Allt detta ser jag Ay! Ay! Ingenting av allt Allt av ingenting

Tornet av intet töms Den blå kärrhöken står med
fladdrande vingar över strandheden Jag går ut I solen
serpå solvändorna I gräset, på krutbrännarna och på
tvåbladet Hör svalorna, och långt borta rödspoven
Inatt hörde jag nattskärran, på besök hos vännerna
Vi for hem över Alvaret under månen Sedan norrut,in
under mörka moln, i regnet Här sover alla fåglarna
Tornsvalorna sover under takpannorna, med sina långa,
smala kroppar Vi sover bredvid varandra Jag har druckit vinterdagenInte du, som körde
Detta torn töms Det ska komma andra
Smalare, med sina rötter långt ner I underjorden
Vattnet stränger upp genom kalkflatorna Möter där regnet
Nattskärran hörde jag för 16 år sedan på samma plats Vi är äldre

Jag ser ett kvinnlig kön, ljust, upprätt, en smal mandala
Jag passerar in där In i dess mörker I en våldsam tömming
Jag ser historiens ansikte Vargarna trängde in i Paris, genom
bräschen i muren Ay! Ay! Vi ska vara här hos varandra
Havet ser mig, med sin horisontella blick I ögonens jämnhöjd
Igår gick jag till modershavet,ochså här Där finns nu alla varelser

Sus hijos, Gösta y Helfrid, querían ser artistas; el uno fue profesor
de dibujo,
ella telefonista   El otro hijo, Sture, se hizo químico; cuando tenía
nueve o diez años, tal vez once, lo visité en Chemicum en Lund
Todo esto vi   ¡Ay! ¡Ay! Nada de todo   Todo de nada

La torre de la Nada se vacía   Allí está el halcón blanco
sacudiendo las alas sobre el arenal   Salgo al sol
miro los heliantemos en la hierba, el tulostoma niveum y la
listera ovata   Escucho las alondras, y lejos la aguja colinegra
Anoche, de visita en casa de amigos, escuché al chotacabras
Fuimos sobre la Caliza bajo la luna   Luego hacia el norte, bajo
nubes oscuras, en la lluvia   Aquí duermen todos los pájaros
Los vencejos duermen bajo los aleros, con sus largos,
delgados cuerpos   Nosotros dormimos el uno junto al otro   He bebido vino
Tú no, porque conducías   Se vacía esta torre   Otras vendrán
Más finas, con sus raíces penetrando profundamente la tierra
El agua penetra las lajas de cal   Allí encuentro la lluvia
Oí al chotacabras hace 16 años en el mismo lugar   Somos más viejos

Veo un sexo de mujer, luminoso, erguido, un delgado mandala
Yo paso por él   Penetro su oscuridad   En violento vaciado
Veo el rostro de la Historia   Los lobos se metían en París, por
la brecha en el muro   ¡Ay! ¡Ay! Allí estaremos juntos
El mar me ve, con su mirada horizontal   A la altura de los ojos
Ayer fui al mar maternal, también aquí   Allí están ahora todos los seres

alla de som ser varandra   Räven, katten   Korna där I fjärran
I gryningen   rinner flugan som en svettdroppe över pannan   Den
sover inte   Tornsvalorna blixtrar redan förbi   Alla sover

Här är Ormöga   Här är allt främmande   Här finns nästan
inte vi   Här är den mörkgrå havshoriosnten   Alla blommorna
Alla fåglarna   Igår såg jag svalungen I boet snett ovanför
matrumfönstret   På strandheden storspovens unge, medan föräldern
cirklade ovanför; mindre, spädare näbb, samma rop, fast mindre
Jag gick sista gången till havet, ensam   Överallt vatten, efter
regnen   Havetvar helt stilla; jag hörde dess röst, stilla
Också detta är nu min mors hav   Fastän hon aldrig fick komma hit
Jag rörde vid det   Detta är ett återvändande   Här är allt främmande
Här är den blå kärrhöken   Här är enkelbeckasinen, vakande
Om natten ser jag månen gå ner, orange bland molnen   Fullkomlig
ensamhet; fullkomlig tystnad   Medan alla sover   I gryningen väcker oss
                                                        flugan

Ay! Ay! Den överallt frånvarande smärtan, I sin yttersta närvaro
Göken hördes, avlägset   Tornsvalorna är i sin geometri, dynamisk
Vi tar farväl av vännerna, pratar i skymmningen, efter ett besök på
udden   De första flyttfåglarna samlas, kärrsnäppor, säger den nyinflyttade
                                        ornitologen I huset bredvid
Imorgon begravs Gösta Skyle I Söndrum utanför Halmstad   Vi ska vara där

Todos los que se ven mutuamente   El zorro, el gato   Las vacas a lo lejos
Al amanecer fluye la mosca como una gota de sudor sobre la frente   No
duerme   Los vencejos han pasado destellando   Todos duermen

Aquí es Ormöga   Aquí todo es extraño   Aquí casi
no estamos   Aquí está el horizonte marino verde oscuro   Todas las plantas
Todos los pájaros   Ayer vi el pichón de alondra en el nido justo encima
de la ventana del comedor   En el prado costero está el pichón de zarapito real,
                                        mientras el padre
volaba en círculos sobre él; más pequeño, pico más tierno, el mismo chillido, aunque
                                        más tenue,
Caminé por última vez hasta el mar, solo   Agua por todos lados, luego
de la lluvia   El mar estaba en calma; oí su voz, calma
También esto es ahora el mar de mi madre   Aunque ella no pudo nunca llegar hasta
                                        aquí
Lo escuché   Este es un regreso   Aquí todo es extraño
Aquí está el halcón azul   La agachona despierta
Por la noche veo la luna bajar, naranja entre las nubes   Total
soledad; total silencio   Mientras todos duermen   Al alba nos despierta la mosca

¡Ay! ¡Ay! El dolor ausente por todos lados, en su más extrema presencia
Se oyó el cuclillo, lejano   Los vencejos están en su geometría, dinámica
Nos despedimos de los amigos, hablamos en la penumbra, luego de una visita al
cabo   Los primeros pájaros migratorios se reúnen, playeros dorso rojo, dice el
                        ornitólogo recién instalado en la casa de al lado
Mañana es sepultado Gösta Skyle en Söndrum en las afueras de Halmstad   Allí estaremos

Jag vänder mig om
tystnaden är där

Du är snabb som dagen, natten
Du är som det
snabba leendet
av natt

Nu pressar jag dig, natt
Nu kramar du
tystnaden ur mig

Det hemska
sluter sig,
klingar, som kristall

Kristallen av natt

Den är ett lysande sår

Mitt mörker ligger slängt
på stolen
Det är lysande blått

Me vuelvo
el silencio está allí

Eres rápida como el día, la noche
Tú eres como
rápida sonrisa
de noche

Ahora te apuro, noche
Ahora abrazas
expulsas el silencio de mí

Lo terrible
se cierra,
resuena, como cristal

El cristal de noche

Es una herida luminosa

Mi oscuridá arrojada
en la silla
Es azul luminoso

HUME, DOLK; 1984

Jag känner en djup sympati
för Humes radikala
empirism, med dess osäkerhet
dess kontinuerliga tvivel
på sig själv, dess
tro på omöjligheten
av skarpa gränser för sanningen
Större eller mindre grad
av livlighet, intensitet
I föreställningarna
jämförda med erfarenheten
är det längsta han vill gå
och inte heller jag vill gå längre
Samma sak
måste då också gälla
moralens rike   Inte heller där
är skarpa gränser möjliga
Inte heller i hjärtats
oändliga närmande
till allt livs summa
Ändå hugger mig

HUME; DAGA; 1984

Siento una profunda simpatía
por el empirismo radical
de Hume, con su inseguridad
su duda continua
de sí mismo, su
creencia en la imposibilidad
de aclarar las fronteras de la verdad
Mayor o menor grado
de vivacidad, intensidad
en las representaciones
comparadas con la experiencia
es lo más lejos que pretende ir
y yo tampoco quiero ir más allá
Lo mismo
debe ser válido para
el reino moral   Tampoco allí
son posibles las fronteras claras
Tampoco en la infinita
cercanía del corazón
hasta la suma de toda vida
Sin embargo me hiere

sanningens dolk
när jag minst väntar det, bakifrån
Tvivlet måste då också gälla
döden, i alla dess former
Också exakthetens empiri
Dessa begrepp
är redan alltför exakta
Den oändliga exaktheten
rör sedan vid mig

la daga de la verdad
cuando menos la espero, por la espalda
La duda tiene entonces que ser válida
para la muerte, en todas sus formas
También el empirismo de lo exacto
Estos conceptos
son ya demasiados exactos
La exactitud infinita
viene luego y me toca

ENVOI

Ner mot mörkrets centrum
Nu ger jag dig
det jag har, eller inte har
Du får mitt intet

Svarar du då
det du inte har, eller har
Kommer som ljus, beskt
eller ljuvt, klart

Och ljuset och mörkret
är samma sak
Glädjen kommer, och smärtan,
utan skillnad, utan utplåning

ENVOI

Bajando al centro de lo oscuro
Ahora te doy
lo que tengo, lo que no tengo
Te doy mi nada

Si me respondes, obtengo
lo que no tienes, o tienes
Llega cual luz, amarga
o dulce, clara

Y la luz y lo oscuro
son lo mismo
La alegría llega, y el dolor,
sin diferencia, sin aniquilación

EL AUTOR

Göran Sonnevi (3 de Octubre de 1939) Poeta y traductor sueco. Ganador del Premio Nórdico de la Academia Sueca (conocido cómo el "Pequeño Nobel") en el 2005 y del Premio de Literatura del Consejo Nórdico en el 2006 por su antología "Oceanen" de donde se desprenden los poemas incluidos en este libro. Ha estudiado literatura y lenguaje en la Universidad de Lund.

La temática abordada en los versos de Sonnevi suele ser de naturaleza contemporánea y de relevancia política y actual, como las guerras de Vietnam e Iraq, la Globalización, la migración, entre otros temas. Sonnevi trata con gran profundidad y sabiduría estos asuntos en su poesía.

Sonnevi es uno de los poetas más apreciados y valorados en Suecia y su trabajo ha sido traducido y editado en varios idiomas. Actualmente vive en Järfälla, en las afueras de Estocolmo.

EL TRADUCTOR

Roberto Mascaró es poeta nacido en Montevideo, Uruguay.

Ha publicado más de una decena de volúmenes de poesía y es el traductor de la obra de Tomas Tranströmer, Premio Nobel de Literatura 2011. Ha publicado más de treinta volúmenes de traducciones de obras de August Strindberg, Öyvind Fahlström, Ulf Eriksson, Anthony de Mello, Göran Sonnevi, Jan Erik Vold, Rabbe Enckell, Edith Södergran, Henry Parland, entre otros autores.

*Estas versiones castellanas de poemas de Göran Sonnevi elaboradas por Roberto Mascaró
fueron recogidas del libro Oceanen (Bonniers, Estocolmo, 2005)
La traducción se hizo con la autorización del autor.
La edición contó con el apoyo de Statens Kulturråd, Consejo de las Artes de Suecia*